LE DISCOVRS

GRATIEVX DE
LA NYMPHE
Parisienne:

Sur le desiré retour de son petit
ROY *tant aymé.*

A PARIS,
De l'Imprimerie de Pierre Le-Mur.

M. DCXIIII.
AVEC PERMISSION.

LE DISCOVRS
GRATIEVX DE LA Nymphe Parisienne.

Sur le desiré retour de son petit Roy tant aymé.

ON petit Roy aye memoire
De ta Nymphette au sein
d'yuoire,
Laquelle d'vn pié bauolant,
Et d'vne grace charmeresse,
Accourt te faire la caresse
De ioye & d'aise sautelant.

Ie parle ainsi, car ie suis belle,
Mon petit Roy, voy ma prunelle,
Voy mes cheueux en plis lassez,
Voy ma tresse si bien tissuë,
Mon petit Roy c'est vne issuë
De nos amours encommencez.

Mais afin d'animer la dance
De la populeuse cadence
Qui va vers toy d'vn pas si prompt,
Mon petit Roy que ton bras vaste
Enserre vn peu ta fille chaste
D'vn baiser colé front à front.

Que cette main qui tient enserre
Le Ciel, l'air, & l'eau & la terre,
Donne vn petit attouchement
A ma iouë gaye & vermeille,
Mon petit Roy ainsi l'Abeille
Baize son freston doucement.

Ie t'ayme tant que depuis l'heure
Qu'icy tu n'as fay ta demeure,
Ie croyois estre au rang des mors:
Et ma larmoyante paupiere
Mon petit Roy (trouble verriere)
Auoit presque espuisé ses bors.

Mille petites goutelettes,
Mille petites larmelettes
Tombant de mes tendres bessons
Auoient comme torche enflammée,
Mon ame à demi-consommée
Par la rigueur de ces cuissons.

I'ay appellé cent fois Mercure
Qui sçait des secrets la nature
Pour coniurer ton beau retour,
Mais il disoit Nymphe éploreè
Rebande ta tresse dorée
Ton petit Roy n'a fait son tour.

Ainsi estant comme vne Fee,
Trop non-chalament decoiffee
Pour l'absence de mon doux bien,
I'errois à petites secousses
I'errois à petites tremousses
Ne voyant plus mon entretien.

Mais maintenant que ie t'auise
Et qu'auecque toy ie deuise
Mon doux souci, mon petit Roy,
Ie ne sçay quelle odeur pourprine
Echauffe ma tendre poitrine
Et me met quasi hors de moy.

Ne sont-ce point tes leures closes
Retraicte des fleurs & des roses
Qui m'egayent ainsi le cueur?
Ou bien n'est-ce point ta bouchette
Qu'Amour a pris pour sa logette
Qui m'apaste de sa douceur?

Ouy, ouy c'est la douceur benine
De ton œil en voute ebenine,
C'est ton port) c'est ta maiesté
Qui pareil à c'il de ton Pere,
Aué la grace de ta mere
Surpasse Amour & la beauté.

Accourez donc mes sœurs sacrees,
Et de vos bouchettes sucrees
Enyurez vous de ses beaux yeux,
Succotez sa gorge royale,
Pressez moy sa leure fatale
Comme un butin venant des Cieux.

Apollon releue tes aisles,
Leue tes piés & tes aisseles,
Et puis descends d'un petit vol
Sur le riuage de la Seine,
Là, entonne de douce haleine,
Vn petit air de ton flageol.

Et vous autres filles auides
Qui de vos poulces trop humides
Tordez & tournez vos fuseaux,
Ie vous deffens d'auoir querelle
Contre la grandeur immortelle
De celuy qui tient vos cizeaux.

Ie vous enioins troupes felonnes
Reynes des socs & des couronnes
De rajancer vos yeux rebours,
Et que vestant la gaillardise,
Vous honoriez la mignardise
Et la beauté de ces beaux iours.

Sus donc ployez à ma requeste,
Puis que c'est auiourd'huy la feste
De mon petit Roy tant aymé,
Allons sortez mon vieil Neptune,
Et accourez dessus la hune
De quelque vaisseau bien ramé.

Ou bien commandez aux Syrenes
Conduire dextrement les renes
De vos Tritons officieux,
Car i'entens les bandes sacrees
Sortant des voutes azurées
Mener Iuppin parmy les Cieux.

Allons ma Thetis argentee,
Courez d'vne course indomptée
Ramer sur les replis chenus,
Ie voy desia vos Nereides
Sortir de leurs palais humides,
Et se haster à pas menus.

Allons sortez filles Naiades,
Allons sortez Hamadriades,
Sortez de ce Palais moussu,
Et venez donner un aubade
Et une petite accolade
A vostre Roy si bien receu.

Nymphes sortez de vos colines
Et quittez vos eaux Castalines,
Prenez congé de vostre mont,
Puis faisant sur les ondes molles
Mille petites cabriolles
Entourez de fleurs vostre front.

Honneur, Beauté, Grace, Charite,
Prenez des atours de merite
Pour gouster ces plaisans ebas,
Car si vous n'estes bien coiffees,
Et vos robbes bien estoffees,
Vous n'auez que faire icy bas.

Petites brebis camusettes
Sortez aussi de vos cazettes,
Sortez petits bellans agneaux,
Rompez moy l'huis de vos logettes
Et sur vos petites cornettes
Apportez des fleurs à monceaux.

Petit

Petit berger viotré sur l'herbe,
Qui fais ton coussin d'une gerbe,
Racoustre un peu ton chalumeau,
Et pres de quelque frais riuage
Ombragé d'un touffu fueillage,
Fay dancer ton petit troupeau.

Allons aussi blondes auettes,
Sortez de vostre mont Hymettes,
Pillez à petits becs larrons
Le suc des plus tendres fleurettes,
Et comme petites faffretes
Reuestez en vos aislerons.

Allons les douces tourterelles,
Allons pigeons & colombelles
Qui vous pourmenez par les bois,
Suyuez les belles Nymphelettes,
Nymphelettes mignardelettes
Qui balottent sur le grauois.

Petits oiseaux qui d'un ramage
Fringotez dans le verd bocage
Il faut que vous veniez icy,
Petite alloüette bruiarde,
Petite linotte mignarde,
Il faut que vous chantiez aussi.

B

Rossignolet qui sur l'espine
D'vne voix viue & argentine
Degoise mille airs fretillars,
Si faut-il bien que ta languette
Face aussi enfler ta gorgette
De mille fredons babillars.

Et bien mon Roy, mon petit maitre,
Voulez vous que ie face naitre
Autre chose à vostre retour?
Si i'ay coniuré les Naiades
Si i'ay coniuré les Driades,
N'est-ce pas assez pour ce iour?

Si i'ay coniuré les Deesses,
Des eaux & des bois les maistresses,
Si i'ay coniuré les grands Dieux
Et cette race Thebaide,
Et cette troupe Nyseide,
D'aborder tous en ces beaux lieux;

Si i'ay prié ce Dieu d'enfance,
Ce Dieu qui rit en sa naissance,
Ce Dieu gracet, mignardelet,
Cest enfançon ieune & volage,
Qui releue son beau visage
D'vn gay vermillon inmeles;

Si i'ay coniuré les Thyades,
Si i'ay coniuré les Menades
D'entonner des chansons de ris,
Si i'ay prié les Corybantes
Et les filles à voix sanglantes
Sonner la ioye au lieu des cris:

Si i'ay prié la belle Flore
Accompagnée de l'Aurore,
D'apporter en son sein l'odeur,
Si i'ay prié la belle Fee
D'amener auecque elle Orphee
Et semer par tout la douceur:

N'est-ce pas assez de delices,
N'est-ce pas assez de blandices,
Pour t'honorer mon petit Roy?
Nenny, il faut vn equipage
Qui soit tourné à l'auentage
Ainsi que demande la loy.

Ie veux forger dedans L'emnonne
D'vne main prompte & forgeronne
Vn char pour mettre mon Soleil,
Vn brancar pour mettre ma Lune:
Ainsi leur clarté n'estant qu'vne
Rendra vn lustre nompareil:

Vulcan me prestera sa forge
Qui de feu, de flame regorge,
Affin qu'il soit des mieux basti,
Et Nature sage maitresse
Monstrera aussi son adresse
Tant il sera bien assorti.

Les limons seront faits de marbre
Reuestus d'vn rouge Cinabre,
Le dessus de couleur d'azur,
Au lieu de clous, des perles fines
Passe-poilees de crespines
Couuriront ces rouleaux d'or pur.

Les rideaux seront faits de glace
Parsemez de pourprine trace,
Le dedans enduit de cristal,
Le bas en façon de bocage,
Releué d'vne gaye ouurage,
Et la voûte de vray Coral.

Dame vertu, mene ce coche,
Et toy sa sœur Honneur approche,
Grace, sers luy d'vn éuantail,
Ieu, sers luy comme d'auengarde,
Ris, sers luy d'arrieregarde,
Amour, mets toy sur son portail.

Sœurs Charites mignardelettes,
Gratieuses & tendrelettes,
Allez vous planter sur son col :
Zephirs à petites volees
Dressant vos aislez ebranlees
Volez sur luy d'vn petit vol.

Et comment Ris tu te brandille,
Tu te branche & tu te pandille,
Pour voir ton Roy tant desiré ?
Ieu, tu monte sur vne espine,
Amour, plaisamment tu dandine
De ton cher aisleron doré ?

Non, non, entrez tous dans ce coche,
Il ne faudroit qu'vne hanicroche
Pour vous rendre dequarquelez,
Vostre mignardise est suiette
De porter sur soy sa saiette
Craignant de n'estre desaislez.

Gardez bien neantmoins sa face
Cent fois plus fraiche que la glace,
Gardez son menton fosselu,
Gardez sa bouche mi-ouuerte
Qui ressemble à la rose verte,
Ou à vn bouton pommelu.

Mais épandez mille fleurettes,
Mille œillets, mille violettes,
Que le doux Thym & le muguet,
Le soucy & la marjolaine
Qui fleure ainsi que douce haleine
Se ionche aué le serpolet.

Que le Bausme & que L'Amaranthe,
Que le Narcisse & que l'Acanthe,
Que la rose & que les boutons,
Que les herbettes vermeilletes,
Que les vermeilles herbelettes
Puissent naistre en mille façons.

Et vous de Paris la ieunesse
Chantez de gentille alegresse
Ce beau retour de vostre Roy:
Que vos cheuaux suiuent la dance
Et la trepignante cadence
De ce triomphe auecque moy.

Sage source Parisienne,
Le bouclier de la foy Chrestienne,
Petits enfans tous resiouïs,
Enfans la mesme gaillardise,
Qu'vn chacun de vous autres dise,
VIVE MON PETIT ROY LOYS.

Vive celuy qui tout l'Europe
De son puissant Sceptre enuelope,
Qui fait tout trembler sous sa vois,
A qui la vertu fait hommage,
A qui l'honneur donne courage
De mettre vn chacun sous ses lois.

Puisse tu donc Dieu de l'Auerne,
Grand Dieu des eaux, Dieu qui gouuer-
ne
L'honneur du celeste concours,
Nous prester si belle assistance
En vne telle iouissance
Que nous t'honorions tous les iours.

Et que ce Roy l'vnique image
De cet inuincible courage,
De ce GRAND HENRY *des François*
Conduise si bien son nauire,
Qu'à bon droit nous puissions tous dire,
Voicy ce grand LOYS GAVLOYS.

LA NYMPHE AV ROY.

SONNET.

SIre vous resśeblez au valeureux Persee,
Que la belle entreprise a fait si glorieux,
Ayāt d'vn vol nouueau pris la route des Dieux
Et sur tous les mortels sa poursuite haussée.

Car vostre seul renō portant vostre pēseè,
Et guidant vostre cueur ou marquoit vos beaux yeux,
Vous a si biē tracé le grād chemin des cieux,
Qu'auez mis en oubly toute peine passée.

Lasse peut il trouuer sous le bas du Soleil
Vn heur qui soit au miē & sēblable & pareil?
Nēny, mō petit Roy, ma ioye est immortelle.

Car ie suis la Gorgōne excellēte en beauté,
Vous estes mon Persee & mō Roy tresfidele,
D'vn chacun honoreux & par tout redouté.

www.ingramcontent.com/pod-product-compliance
Lightning Source LLC
Chambersburg PA
CBHW070430080426
42450CB00030B/2394